Méthode de lecture CP

J'apprends à lire avec Noisette

Cahier d'exercices 1

Cet ouvrage est conforme à la nouvelle orthographe
www.orthographe-recommandee.info

Sous la direction d'**Alain Bentolila**

Isabelle Rullion Savy

Professeure des écoles

Prénom ....

Nom ....

Nathan

Équipe éditoriale

Directrice éditoriale : Laurence Michaux

Éditrice : Charlotte Luttringer

Maquette intérieure : Anne-Danielle Naname – Leticia Cuadra

Maquette de la couverture : Geoffroy Lindenmeyer

Coordination artistique : Geoffroy Lindenmeyer

Fabrication : Patricia Poinsard

ISBN : 978-2-09-124187-6

Avant-propos

« J'apprends à lire avec Noisette » : une méthode syllabique qui équilibre la maitrise des mécanismes du code et la capacité à comprendre les mots, les phrases et les textes.

Souvent, l'apprentissage de la lecture tente de concilier l'inconciliable : faire comprendre comment fonctionne le code écrit par la découverte du principe alphabétique et, en même temps, *sur les mêmes supports*, faire découvrir les enjeux de la compréhension.

Or, chacun de ces deux objectifs complémentaires exige que l'on s'appuie sur **des supports écrits de dimension et de nature très différentes. La découverte du principe alphabétique** exige la manipulation de segments courts et soigneusement choisis pour une démonstration précise. **La prise de conscience de la diversité des écrits et de leurs finalités** requiert des écrits riches et significatifs.
En tentant de faire comprendre à partir d'un même support écrit comment « marche » le code et à quoi sert sa mise en œuvre, on risque de pervertir les deux démarches. D'un côté : des textes trop brefs et sans aucune ambition sémantique ne pourront révéler à un(e) élève que **lire, c'est comprendre**. D'un autre côté : des textes riches se prêteront mal à **la mise en évidence des relations qui lient l'écrit et l'oral**.

Hors de question pour l'apprentie-lectrice ou l'apprenti-lecteur de faire semblant de **savoir lire des textes** vrais qui sont hors de portée de décodage. Hors de question aussi de négliger **la découverte rigoureuse des relations graphophonologiques** nécessaires à la compréhension du principe alphabétique.

Dans « J'apprends à lire avec Noisette », **ces deux objectifs** sont donc clairement distingués afin d'être **poursuivis chacun avec une égale rigueur**. À cet effet, **les supports écrits sont différenciés** dans les activités d'apprentissage et d'entrainement ; et les démarches pédagogiques sont définies en fonction de l'un ou de l'autre de ces deux objectifs.
Ainsi, les élèves débutent chaque leçon par **l'écoute et l'étude d'un texte long narratif, explicatif, fantastique, historique ou sur la vie quotidienne…** En parallèle, ils s'entrainent progressivement au code sur des segments courts : **le graphème, la syllabe, le logatome[1], le mot, la phrase, puis enfin le petit texte**. Ni leur soif de récit et d'imaginaire, ni leur soif de clarté ne sont mises de côté.

L'autonomie de lecture ne vient pas aux enfants comme par magie ; elle se gagne en apprenant à dominer les mécanismes de l'écrit. Quand les élèves auront compris **le rôle joué par les indicateurs grammaticaux**, ils sauront mettre en scène les acteurs et les actions dans **leurs propres productions**. Forts de leur expérience, ils pourront alors forger eux-mêmes le sens d'un texte avec autant de respect que d'audace.

1. **Le logatome** est une construction non sémantique constituée d'une ou plusieurs syllabes. Exemple : *paruti, alicha…*

Sommaire

Mon cahier d'exercices

Je me souviens
de l'histoire longue.

J'utilise le vocabulaire appris.

Je reconnais des sons.

Je reconnais
les lettres apprises.

Je recopie des lettres
et des syllabes.

Je repère la place
des syllabes et je les écris
dans la bonne case.

J'invente des phrases
et je les écris.

Les consignes & les personnages

→ **Je découpe** et **je colle** les images au bon endroit.

→ **J'entoure** les bonnes images ou les lettres demandées.

→ **Je dessine** ce qu'on me demande.

→ **Je coche** la bonne réponse.

→ **Je recopie** les lettres ou **j'écris** une syllabe dans un mot pour le compléter.

→ **Je relie** les images qui vont ensemble.

→ **J'invente** et **j'écris** une ou plusieurs phrases.

a A • a A

Date : ....

1 Découpe et colle les images dans l'ordre de l'histoire.

1

2

3

4

2 Relie les images qui vont avec la forêt.

3 Entoure l'image quand tu entends **a**.

   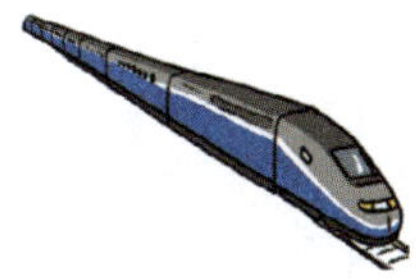  

4 Coche les syllabes où tu entends **a**.

5 Entoure les **a**.

A e a a q A N u a d e V a

6 Entoure les **a**.

batterie la majuscule

arbre papa renard

7 Recopie.

a a

a a

Date : ....

1 Découpe et colle les images dans l'ordre de l'histoire.

①

②

③

④

2 Relie les images qui vont avec le grenier.

3 Entoure l'image quand tu entends i.

    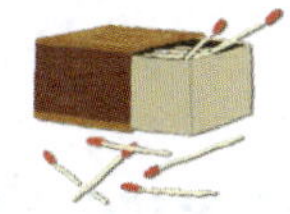 

4 Coche les syllabes où tu entends i.

   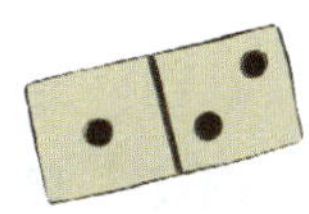  

5 Entoure les i.

i i L J q I j u i é y i t

6 Entoure les i.

bobine bicyclette pipe

arrive pirate Miléna

7 Recopie.

i i

i i

i i

I L · *l* *L*

Date : ....

1 Entoure l'amie d'Oscar et Malika.

2 Relie les images qui vont avec un livre.

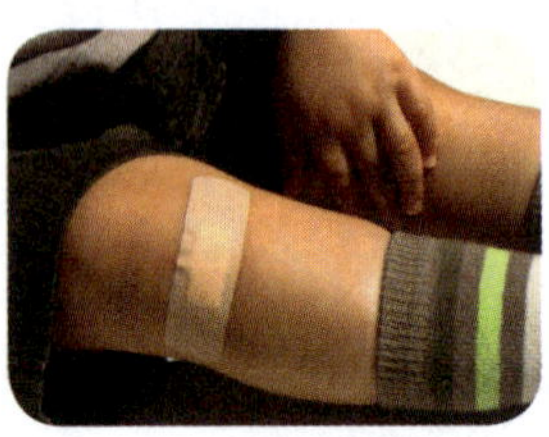

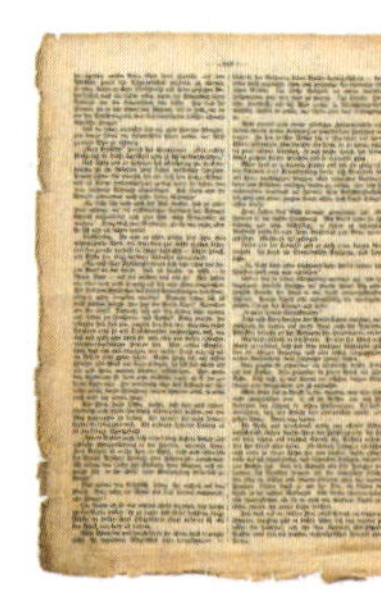

3 Entoure l'image quand tu entends :

la

li

4 Entoure les l.

i l L i q l i j I d f I L l

5 Entoure les l.

lapin Arlequin livre

elle fleur tentacule

6 Recopie.

l l

la . . . . . . la

li li

7 Écris la où tu entends la.

8 Écris des syllabes avec l, a et i.

u U · u U

Date : ....

1 Entoure la gourmandise préférée de Noisette.

2 Relie les images qui vont avec une gourmandise.

3 Entoure l'image quand tu entends u.

4 Entoure les u.

U u L u q V m u U d u v u N

5 Entoure les u.

lune usine poilu

sucette nuage murmure

6 Recopie.

u . . . . . . u

ru . . . . . . ru

lu . . . . . . lu

7 Écris lu où tu entends lu.

8 Écris une phrase avec Elle, puis une phrase avec Il.

r R • r R

Date : ....

1 Entoure ce que veut manger Renard.

2 Relie les images qui vont avec une ferme.

3 Entoure l'image quand tu entends :

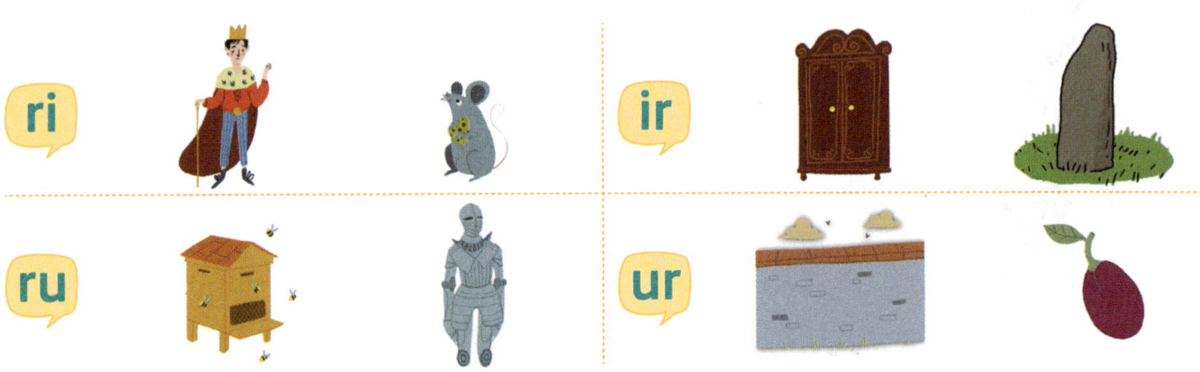

4 Entoure les r.

r t R r B n n f r s R r

5 Entoure les r.

carotte hérisson livre

rideau armure arbre

6 Recopie.

ru . . . . . ru

ri . . . . . ri

7 Écris ra quand tu entends ra.

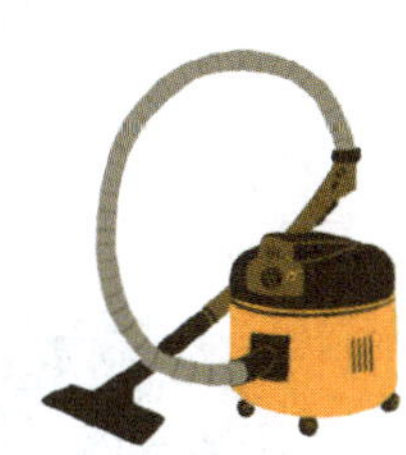

8 Écris une phrase avec ces mots.

a ri | avec | Oscar | elle.

e E · *e E*

Date : ....

1 Entoure ce qui permet à Oscar et Malika de rentrer chez eux.

2 Relie les images qui vont avec l'espace.

3 Entoure l'image quand tu entends e.

4 Coche la syllabe où tu entends e.

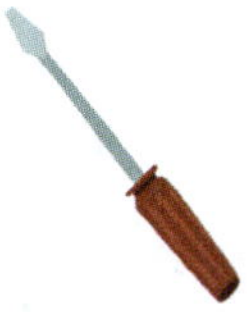

5 Entoure les e.

E e F e o E a e g f E i a

6 Entoure les e.

chemin melon devoir

ramena renard velu

7 Recopie.

e . . . . . . e

le . . . . . . le

re . . . . . . re

8 Invente une formule magique et écris-la.

Je révise

1 Entoure l'image quand tu entends :

la    

ri    

lu  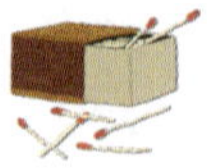  

re    

2 Entoure chaque lettre de la bonne couleur.

(r) (l) (e) (i)

L e R i I E l r I r E I R

3 Coche la bonne syllabe.

	☐ ra	☐ lu	☐ ru	☐ la
	☐ la	☐ ri	☐ ra	☐ li
	☐ la	☐ ra	☐ lu	☐ ru
	☐ li	☐ ru	☐ lu	☐ ri

Je révise

4 Recopie.

la . . . . . . la
ri . . . . . . ri
lu . . . . . . lu
re . . . . . . re

5 Écris deux mots avec ces syllabes.

ra li ri re

6 Écris une phrase sous l'image.

o O · o O

Date : ....

1 Entoure les solutions des charades de l'histoire.

2 Relie les images qui vont avec un jeu.

3 Entoure l'image quand tu entends o.

4 Coche les syllabes où tu entends o.

5 Entoure les o.

O D e o o e m a O u O e o

6 Entoure les o.

toboggan escargot vélo

poterie domino paquebot

7 Recopie.

o . . . . . o

lo . . . . . lo

mo . . . . . mo

8 Écris une phrase avec C'est.

p P · p P

Date : ....

1 Numérote les images de la vie du papillon dans l'ordre.

 ☐

 ☐

 ☐

 ☐

2 Relie les images qui vont avec un jardin.

3 Entoure l'image quand tu entends :

pa

pi

4 Entoure les p.

p b d P q p R b p d q P p

5 Entoure les p.

papa poule piloti

planeur apporter pâtisserie

6 Recopie.

p

pi

7 Écris pi où tu entends pi.

8 Écris une phrase avec dans.

Date : ______________________________

1 Entoure les ingrédients du gâteau de l'histoire.

2 Relie les images qui vont avec la cuisine.

3 Entoure l'image quand tu entends :

ta   

to   

4 Entoure les **t**.

t L t T r t i j f t l T r

5 Entoure les **t**.

téléphone	boite	tentacule
peinture	tasse	tartine

6 Recopie.

t . . . . . . t

ta . . . . . . ta

to . . . . . . to

7 Écris ti où tu entends **ti**.

8 Écris une phrase avec est.

m M · m M

Date : ....

1 Entoure les animaux de l'histoire.

2 Relie les images qui vont avec chaque saison.

3 Entoure l'image quand tu entends :

mu

mo

4 Entoure les m.

m m W u n m M v u n M N m

5 Entoure les m.

Maman Emma moustache

lame allumette gendarme

6 Recopie.

m . . . . . m

mi . . . . . mi

na . . . . . na

7 Écris mi où tu entends mi.

8 Écris une phrase avec les amis.

b B · *b B*

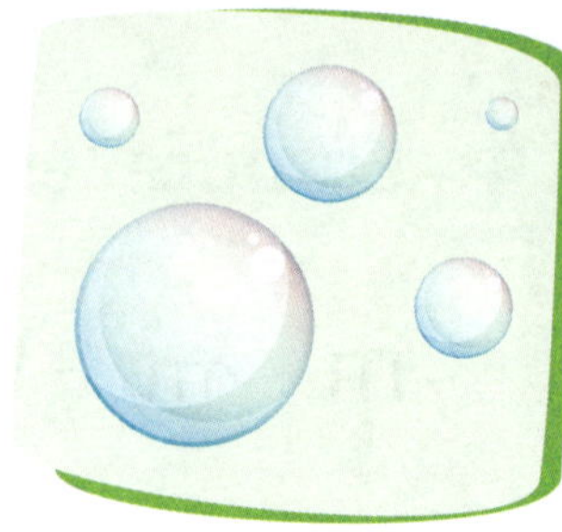

Date : ....

1 Entoure les objets de l'histoire.

2 Relie les images qui vont avec la magie.

3 Entoure l'image quand tu entends :

ba

bu

4 Entoure les b.

b D b l q p d B h d b B

5 Entoure les b.

robe baobab boule

table tube bouton

6 Recopie.

b . . . . . b

bo . . . . . bo

bi . . . . . bi

7 Écris bi où tu entends bi.

8 Écris une phrase avec et.

ou • ou

Date : ....

1 Entoure les personnages qui sont dans l'histoire.

2 Relie les images qui vont avec l'école.

3 Entoure l'image quand tu entends ou.

4 Entoure les ou.

ou vo ou or on ou or ou uo on ou

5 Entoure les ou.

douche loupe nounours

clou bouée autoroute

6 Recopie.

ou . . . . . ou

bou . . . . . bou

rou . . . . . rou

7 Écris ou où tu entends ou.

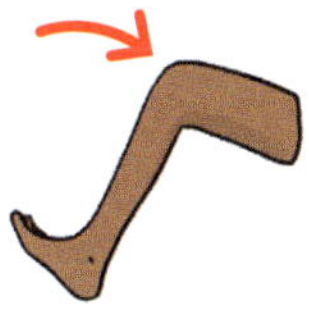

8 Écris une phrase avec de.

Je révise

1 Entoure l'image quand tu entends :

bo 

tu 

pi 

mo 

2 Entoure chaque lettre de la bonne couleur.

(p) (t) (o) (b)

p O t B o P b t b C p B O

3 Coche la bonne syllabe.

	☐ bou	☐ po	☐ bo	☐ pou
	☐ pu	☐ ru	☐ bu	☐ bi
	☐ ba	☐ pa	☐ ta	☐ ra
	☐ mu	☐ mo	☐ mi	☐ mou

Je révise

4 Recopie.

bo	.	.	.	.	.	bo
pou	.	.	.	.	.	pou
mi	.	.	.	.	.	mi
te	.	.	.	.	.	te

5 Écris deux mots avec ces syllabes.

pe be lou bar

6 Écris une phrase sous l'image.

v V v V

Date : ....

1 Coche les animaux qui n'existent plus.

☐  ☐  ☐  ☐ 

2 Relie les images qui vont avec le zoo.

3 Entoure l'image quand tu entends :

va   

vo   

4 Entoure les v.

V v u v n n V o u V u v U

5 Entoure les v.

caravane avion vieux

valise avocat violon

6 Recopie.

va va

ve ve

vi vi

7 Écris va où tu entends va.

8 Complète la phrase.

Oscar a

é É · é É

Date : ....

1 Coche ce que regarde Noisette dans l'histoire.

2 Relie les images qui vont avec un château.

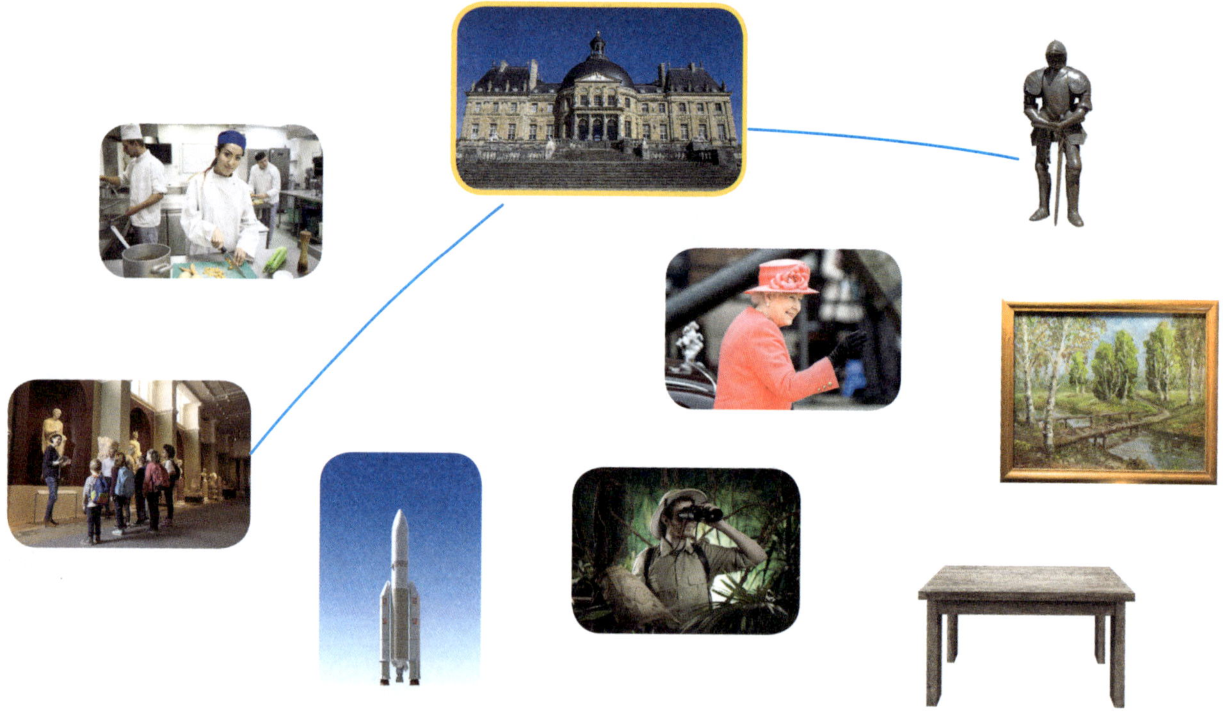

3 Entoure l'image quand tu entends :

4 Entoure les é.

É ê é e é è e É é é é è É

5 Entoure les é.

télévision éléphant canapé

déguisé année enchantée

6 Recopie.

lé . . . . . lé

ré . . . . . ré

7 Complète le nom de chaque image.

une é_____e

la pâ_____e

8 Écris deux mots inventés avec ces syllabes. Lis-les.

ré mi va lou té

9 Complète la phrase.

L'été, Malika

er • ez

Date :

1 Dessine la fin de l'histoire.

2 Relie les images qui vont avec la mer.

3 Entoure les er.

er er re er re en ne er en er ne er

4 Entoure les ez.

chez cher voulez

séchés montez onze

5 Recopie.

ler . . . . . ler

vez . . . . . vez

6 Écris la fin des mots.

vous vo_____

vous par_____

vous la_____

7 Complète la phrase.

Chez Papi,

n N • n N

Date : ....

1 Coche le matériel utilisé par Oscar et Malika.

 ☐  ☐  ☐  ☐  ☐

2 Relie les images qui vont avec les oiseaux.

3 Entoure l'image quand tu entends :

ni  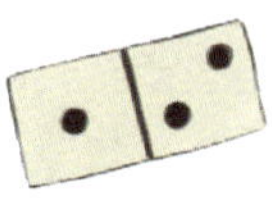 

no   

4 Entoure les n.

n v M u N v u N v n A u n

5 Entoure les n.

nénufar navire harmonica

domino note narine

6 Recopie.

ne
na
ni

7 Écris na où tu entends na.

8 Complète la phrase.

Nino

m / n

Date : ……………………………………

1 Colorie le dessin de l'histoire.

2 Relie les images qui vont avec le travail .

3 Entoure l'image quand tu entends :

ma   

na   

4 Entoure les m.

m n M w m n N m M N m u n

5 Entoure les m.

matinée nageuse mimosa

emmené gymnastique annulé

6 Recopie.

mi . . . . . mi

no . . . . . no

7 Complète la phrase.

Il y a

s S · s S

Date : ....

1 Numérote les images dans l'ordre de l'histoire.

☐  ☐  ☐ 

2 Relie les images qui vont avec rire.

3 Entoure l'image quand tu entends :

sou   

sa   

4 Coche la syllabe où tu entends s.

5 Entoure les s.

s Z s S w s o s z S n s Z s

6 Entoure les s.

brosse	secret	trousse
secrétaire	mousse	piscine

7 Recopie.

sa . . . . . sa

as . . . . . as

si . . . . . si

8 Complète la phrase.

C'est l'ours

Je révise

1 Entoure l'image quand tu entends :

va

ni

sa

né

2 Entoure chaque lettre de la bonne couleur.

v n é s

v n é s É s V n v é V S N

3 Coche la bonne syllabe.

	☐ va	☐ vi	☐ ri	☐ ré
	☐ lou	☐ so	☐ rou	☐ sou
	☐ ne	☐ mo	☐ no	☐ nou
	☐ ne	☐ lé	☐ né	☐ mé

Je révise

4 Recopie.

ve . . . . . ve
va . . . . . va
nou . . . . . nou
sez . . . . . sez

5 Écris deux mots avec ces syllabes.

vé ri na pa ne

6 Écris une phrase sous l'image.

c C • c C
ç Ç • ç Ç

Date : ____________________

1 Coche les animaux rappelés par les tenues de Noisette et Oscar.

 ☐
 ☐
 ☐
 ☐

2 Relie les images qui vont avec les transports.

3 Coche les syllabes où tu entends :

ci

 ☐☐
 ☐☐☐

cé

 ☐☐☐
 ☐☐☐☐

4 Entoure les ç.

C e c u C ç e Ç c Q o E ç c

5 Entoure les c.

cerise façade ceci

farce policier balançoire

6 Recopie.

ce . . . . . ce

ça . . . . . ça

7 Complète les mots.

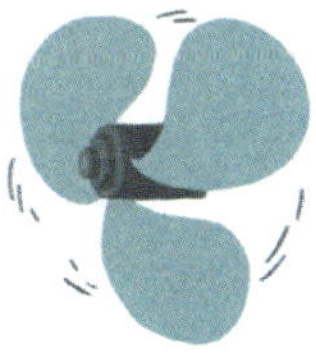

une héli___e

un re___u

un ___inéma

8 Complète la phrase.

Avec la touriste,

pr / tr
br / vr

Date : ________________________

1 Entoure l'endroit où Tibri est allée.

2 Relie les images qui vont avec une artiste.

3 Entoure l'image quand tu entends :

brou   

tru 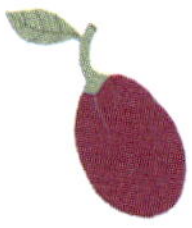  

4 Coche la syllabe où tu entends br.

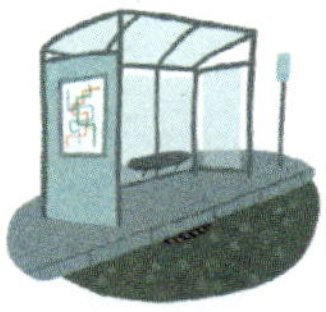

5 Entoure les br.

br lu li br br bi br bb b br bl

6 Entoure les vr.

vrai poivrier survivre

cuivre vrille livraison

7 Recopie.

bre bre

tre tre

pre pre

8 Complète la phrase.

Tibri

pl / bl

Date : ....

1 Entoure ce que mangent les taupes.

2 Relie les images qui vont avec un ami.

3 Entoure l'image quand tu entends :

pla   

bli   

4 Entoure les bl.

bl pl il bl bi be pl bl di bl pi pl

5 Entoure les pl.

repliée applaudir placer

épluchure plâtre planifier

6 Recopie.

bli . . . . . bli

bla . . . . . bla

plé . . . . . plé

7 Complète les mots.

un ____ot

une ta____e

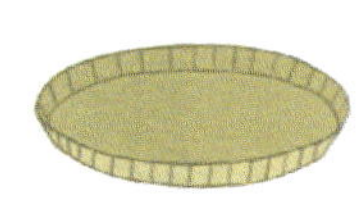
un ____at

8 Complète la phrase.

L'amie de Noisette

dD · dD

Date : ____________________

1 Numérote les animaux dans l'ordre de l'histoire.

 ☐  ☐  ☐  ☐

2 Relie les images qui vont avec un personnage.

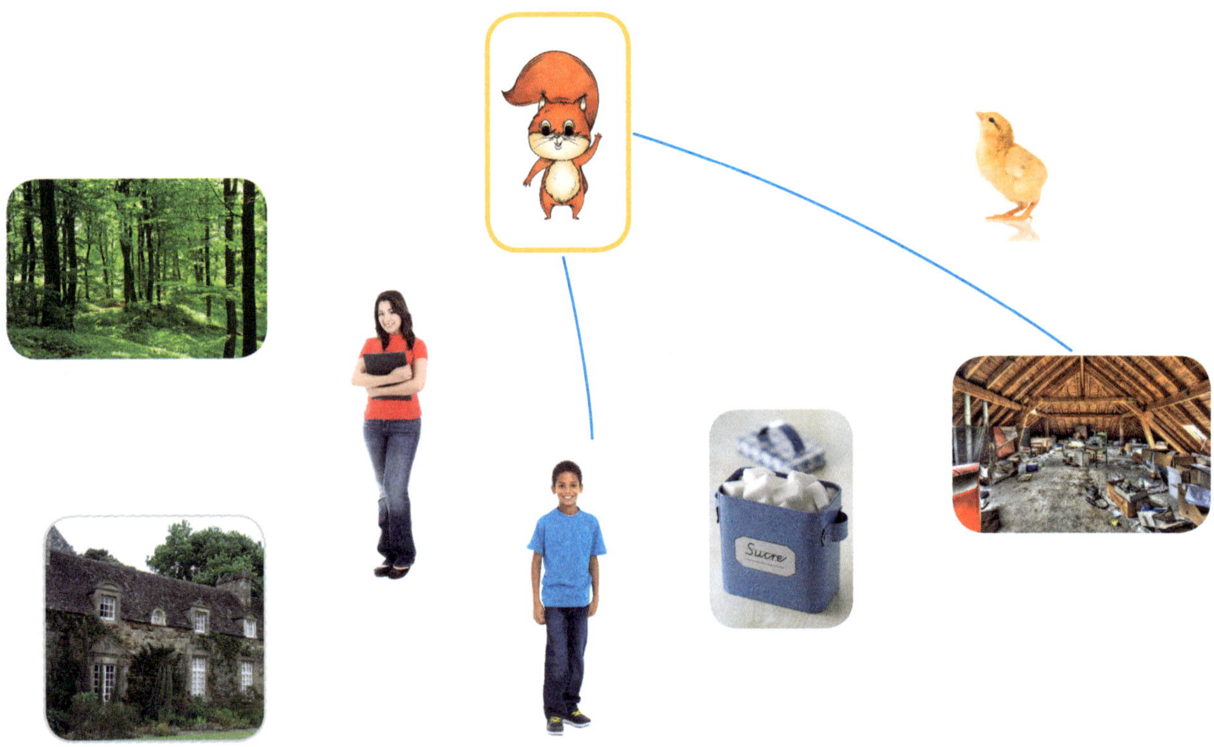

3 Entoure l'image quand tu entends :

de   

dou   

4 Entoure les d.

a d B D o d B d q d p o d D

5 Entoure les d.

dromadaire addition doudou

tradition boudiner radio

6 Recopie.

de . . . . . de

di . . . . . di

do . . . . . do

7 Écris di où tu entends di.

8 Complète la phrase.

Noisette a

p / b / d

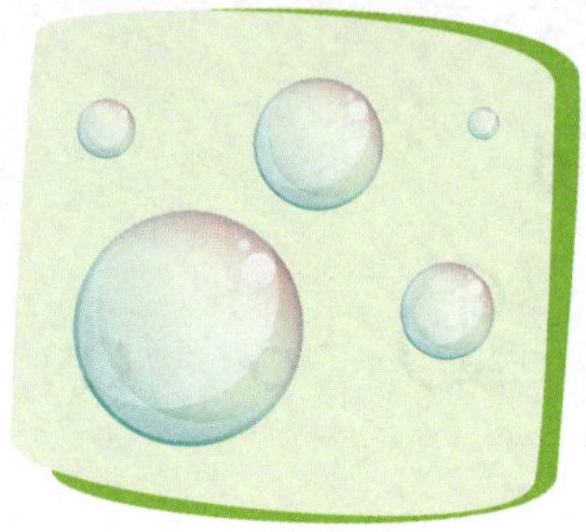

Date : ....

1 Entoure ce qu'il y a dans la citronnade.

2 Relie les images qui vont avec l'âge.

3 Entoure l'image quand tu entends :

bo

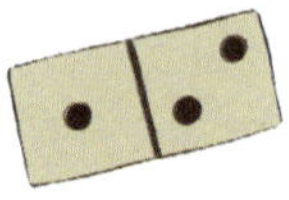

pa

4 Coche ce que tu entends.

☐ ba ☐ pa

☐ pa ☐ da

☐ di ☐ bi

☐ di ☐ bi

5 Entoure les d.

balade vendredi adorable

malade admirable dentition

6 Recopie.

de . . . . . de

ba . . . . . ba

pu . . . . . pu

7 Écris deux mots inventés avec ces syllabes. Lis-les.

ba | di | lo | vou | ré | pi

8 Complète la phrase.

Danaée

f F · f F
ph · ph

Date : ....

1 Coche le matériel utilisé par Oscar et Malika.

 ☐
 ☐
 ☐
 ☐
 ☐

2 Relie les images qui vont avec un meuble.

3 Entoure l'image quand tu entends :

fi

fa

4 Entoure les f.

f t f F t B f e r F h f E b

5 Entoure les ph.

pharmacie philosophie Théophane

aphone éléphant homophone

6 Recopie.

fi . . . . . fi

phe . . . . . phe

pho . . . . . pho

7 Complète les mots.

ph...

un ____re

un télé____ne

f...

une ____rmi

la ____rine

8 Complète la phrase.

Malika dit :

Je révise

1 Entoure l'image quand tu entends :

di    

fa    

bri    

ci    

2 Entoure chaque lettre de la bonne couleur.

f d ç c

f d C F ç D c ç F f c d Ç

3 Coche la bonne syllabe.

 ☐ ci ☐ mi ☐ fi ☐ li

 ☐ bla ☐ pra ☐ pa ☐ pla

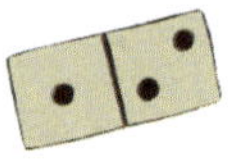 ☐ bo ☐ do ☐ ba ☐ da

 ☐ vri ☐ ve ☐ fre ☐ vre

Je révise

4 Recopie.

dou . . . . . dou

pla . . . . . pla

vre . . . . . vre

fi . . . . . fi

5 Écris trois mots avec ces syllabes.

sou me to bru pho ple

6 Écris une phrase sous l'image.

dr / fr / fl

Date : ....

1 Dessine l'endroit où se passe l'histoire.

2 Relie les images qui vont avec la tristesse.

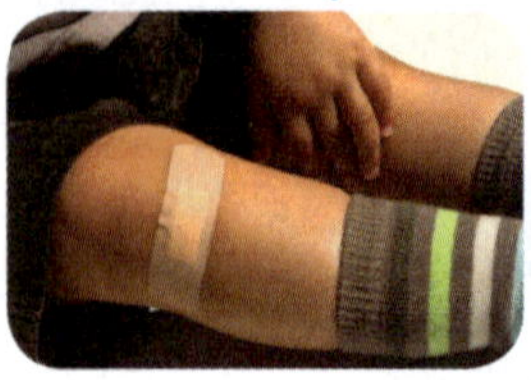

3 Entoure l'image quand tu entends :

dra

dro

4 Entoure les fl.

fl Fu fl fi fi fl Ti fr Fl fl fl ff

5 Entoure les fr.

framboise flotter fanfreluche

fraise africain affiche

6 Recopie.

fle . . . . . fle

dri . . . . . dri

fri . . . . . fri

7 Complète les mots.

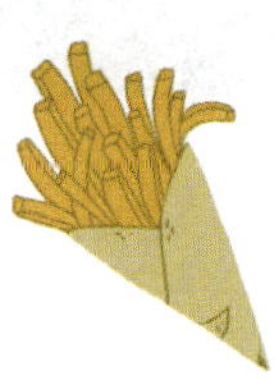

une mou_____e une _____ite une _____ute

8 Écris deux phrases en changeant ce qui est souligné.

Flip dévore les frites.

c C · c C

Date : ……………………………………………

1 Dessine Cocci.

2 Relie les images qui vont avec un insecte.

3 Entoure l'image quand tu entends :

ca

co

4 Entoure les c.

coupable corde locomotive

découdre coupure cabane

5 Recopie.

ca . . . . . ca

co . . . . . co

6 Écris ca où tu entends ka.

7 Écris deux phrases en changeant ce qui est souligné.

<u>Cocci</u> parle à ses <u>amis</u>.

k K · k K
qu Qu · qu Qu

Date : ....

1 Entoure les personnages de l'histoire.

2 Relie les images qui vont avec un village.

3 Entoure l'image quand tu entends :

ki

ka

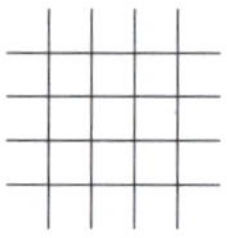

4

4 Entoure les q.

Q D q p g q Q b q O d q O q

5 Entoure les k.

k h l K K F h k H H k k R K

6 Recopie.

ki . . . . . ki

que . . . . . que

qui . . . . . qui

7 Complète les mots.

un co ____ licot une é ____ pe un cas ____

8 Écris deux phrases en changeant ce qui est souligné.

<u>Le bouc</u> est allé chez <u>Koffi</u>.

cl / cr

Date : ....

1 Entoure ce qui fait fondre la neige.

2 Relie les images qui vont avec l'eau.

3 Entoure l'image quand tu entends :

kla

kri

4 Entoure les cl.

racler	calmer	clôture
socle	obstacle	couler

5 Recopie.

cre	cre
cla	cla
cli	cli

6 Complète les mots.

des ______ dités   un ______ be   un mi______

7 Écris deux phrases en changeant ce qui est souligné.

Sacré Léo : il a pris une boule.

è È · ê Ê

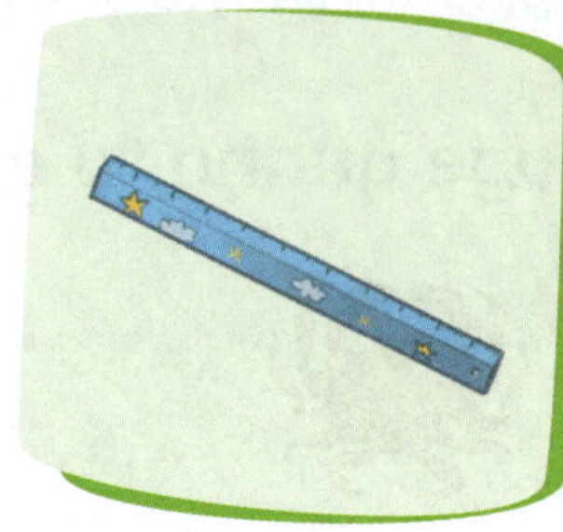

Date : ....

1 Entoure les animaux rencontrés par Oscar, Malika et Noisette.

2 Relie les images qui vont avec la neige.

3 Entoure l'image quand tu entends :

nè

tè

4 Entoure les è.

ê È e è é ê E É è e è é è

5 Entoure les ê.

tête renne fêtard

même arrêté comète

6 Recopie.

rè rè

tê tê

7 Complète les mots.

la ____te

la ____te

une ____te

8 Écris deux phrases en changeant ce qui est souligné.

C'est la fête aussi <u>au pôle Nord</u>.

et · ai · ei

Date : ....

1 Entoure ce que tiennent les chevaliers dans l'histoire.

2 Relie les images qui vont avec le Moyen Âge.

3 Entoure l'image quand tu entends :

lè

kè

4 Entoure les ai.

ai Ei e a ai ia Ei Ai oi i ei Ai

5 Entoure les et.

couplet couper lacer
lacet navet navré

6 Recopie.

lai . . . . . lai
rei . . . . . rei

7 Complète les mots.

un tabou____ un bou____ un car____

8 Écris deux phrases en changeant ce qui est souligné.

La reine a <u>pris le bouquet</u>.

Je révise

1 Entoure l'image quand tu entends :

co    

lè    

cro    

rè    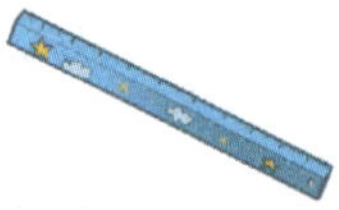

2 Entoure les lettres de la bonne couleur.

(fr) (cr) (cl) (fl)

fr cr cl fl fr cr cl fr cr cl fl fl cl

3 Coche la bonne syllabe.

 ☐ pi ☐ que ☐ qui ☐ ti

 ☐ la ☐ cla ☐ cra ☐ pla

 ☐ lei ☐ lé ☐ nei ☐ li

 ☐ fa ☐ flai ☐ fri ☐ frai

Je révise

4 Recopie.

kai . . . . . kai
cla . . . . . cla
fri . . . . . fri
quet . . . . . quet

5 Écris deux mots avec ces syllabes.

bou re ta ret tè cra

6 Écris une phrase sous l'image.

Illustrations

- **Personnages, couverture et illustrations des histoires :** Chadia LOUESLATI
- **Mots-clés :** Cloudy
- **Vignettes :** Cloudy, Joséphine Vanderdoodt, Claire Delvaux

Crédits photographiques

Adobe Stock :

lapin pp. 8, 16, 30, 56 ©evegenesis – écureuil p. 8 ©Éric Isselée – **renard** pp. 8, 12 ©Éric Isselée – **requin** pp. 8, 24, 72 © Éric Isselée – **cerf** pp. 8, 56 ©Accent – **poule** pp. 8, 16 ©Valentina_S – forêt pp. 8, 56 ©Inga Nielsen – **grenier** pp. 10, 56 ©tobago77 – **coffre** p. 10 ©Sébastien Garcia – **voiture** pp. 10, 26, 50, 60, 74 ©Kostantinos Moraiti – **armure** pp. 10, 14, 38 ©PRILL Mediendesign – **livres anciens** p. 10 ©Brad Pict – **arbre** pp. 10, 42, 70 ©LiliGraphie – **carton** p.10 ©Brenda Carson – **livre** pp. 12, 46 ©vvoe – **terre** p. 12 ©Vidady – **page** p. 12 ©LiliGraphie – **pâtisseries** p. 14 ©ALF photo – épinards p. 14 © nata_vkusidey – **spaghettis** p. 14 ©gkrphoto – **barbe à papa** p. 14 ©graystone – **bretzels** p. 14 ©Thierry Hoarau – **sucette** p. 14 ©klikk – **bouteille** pp. 14, 30, 42 ©He2 – éclair au chocolat p. 14 ©M.studio – **cailloux** pp. 14, 54, 58 ©Pefkos – **ferme** p. 16 ©phadventure – **cheval** pp. 16, 50, 74 ©virgonira – **chien** pp. 16, 36, 54, 74 ©MirasWonderland – **girafe** pp. 16, 30, 70 ©Shchipkova Elena – **daim** p. 16 ©Éric Isselée – **espace** p. 18 ©janez volmajer – **Terre** pp. 18, 66 ©canbedone – **Lune** p. 18 ©canbedone – **Soleil** pp. 18, 28, 66, 70, 74 ©rangizzz – **galaxie** p. 18 ©passmil198216 – **cahier** pp. 18, 42 ©Björn Wylezich – **table** pp. 18, 38, 54 ©donatas1205 – **chapon** p. 22 ©daumy – **chat** pp. 22, 24, 42, 46, 50 ©pwollinga – **chapeau** p. 22 ©Unclesam – **chasseur** p. 22 ©auremar – **jeux** p. 22 ©pressmaster – **chambre** p. 22 ©nastazia – **cour** p. 22 ©sylv1rob1 – poupée p. 22 ©mariesacha – **corde à sauter** p. 22 ©StockPhotosArt – **console** p. 22 ©Texelart – **dentiste** p. 22 ©puhhha – **parc** p. 22 ©oben901 – **glace** p. 22 ©designsstock – **papillon** p. 24 ©macrowildlife – **chenille** p. 24 ©Stéphane Bidouze – œufs p. 24 ©michaklootwijk – **chrysalide** p. 24 ©claudiobphoto – **jardin** p. 24 ©fotomine – **oiseaux** pp. 24, 42 ©Kletr – **télévision** p. 24 ©kuma – **tuyau** p. 24 ©Andrey Kuzmin – **taupe** p. 24 ©Peggy Boegner – **brouette** p. 24 ©alexlmx – **lait** p. 26 ©tycoon101 – **poivre** p. 26 ©heinsbergsphoto – **tomates** pp. 26, 28, 58 ©msk.nina – **pomme** pp. 26, 54 ©mates – **farine** pp. 26, 46 ©Studio Gi – **gâteau** p. 26 ©Tiler84 – **casserole** pp. 26, 30 ©fotomatrix – évier p. 26 ©Dario Sabljak – **scie** p. 26 ©Marie-Thérèse GUIHAL – **fruits** p. 26 ©fotoparus – **cuisine** p. 26 ©photlook – **cuillère** pp. 26, 42 ©vrabelpeter1 – **marguerites** pp. 28, 52, 66 ©K.-U. Häßler – **bourgeon** p. 28 ©joloei – **châtaignes** p. 28 ©L.Bouvier – **parapluie** p. 28 ©ksena32 – **sapin** p. 28 ©Igor Kovalchuk – **teeshirt** pp. 28, 42 ©Stocksnapper – **brassards** pp. 28, 44 ©Patricia W. – **bonnet** p. 28 ©leona_44 – **doudoune** p. 28 ©nanisimova – **neige** pp. 28, 72 © Davizro Photography – **sac à dos** p. 30 ©burnel11 – **frites** p. 30 ©Paulista – **tasse** p. 30 ©PhotoSG – **livres** pp. 30, 74 ©maglara – **baguette magique** p. 30 ©exopixel – **colombe** p. 30 ©fotomaster – **chapeau haut de forme** p. 30 ©eelnosiva – école pp. 32, 68 ©djama – **boulanger** pp. 32, 36, 44 ©Production Perig – élèves pp. 32, 44 © WavebreakmediaMicro – **classe** p. 32 ©cornfield – **cinéma** p. 32 ©Phuong Nguyen – **cantine** p. 32 ©kriss75 – **toilettes** p. 32 ©ChiccoDodiFC – **maitre** pp. 32, 44 ©imagedb.com – **tyrannosaure** p. 36 ©photosvac – **crocodile** p. 36 ©okinawakasawa – **diplodocus** p. 36 ©Katja Xenikis – **soigneur** p. 36 ©bonniemarie – **jardinier** pp. 36, 40 ©michaeljung – **singe** p. 36 ©BillionPhotos.com – **mouche** p. 36 ©paulrommer – **toucan** p. 36 ©sombra_de_luna – **vétérinaire** p. 36 ©anankkml – **fusée** p. 38 ©indochine – **cuisinier** p. 38 ©Monkey Business – **peinture** pp. 38, 52 ©Sergii Moscaliuk

N° d'éditeur 10240375 - Février 2018
Imprimé en Italie par Rotolito